이해인 동시집
엄마와 분꽃

© 2006 LEE Hae-In

Mother and Her Four-o'clocks

Benedict Press, Waegwan, Korea

엄마와 분꽃
1992년 3월 초판
2006년 11월 신정판(8쇄)
2023년 5월 11쇄
ⓒ 지은이 · 이해인 ㅣ 펴낸이 · 박현동
펴낸곳 · 성 베네딕도회 왜관수도원 ⓒ 분도출판사
찍은곳 · 분도인쇄소
등록 · 1962년 5월 7일 라15호
04606 서울 중구 장충단로 188(분도출판사 편집부)
39889 경북 칠곡군 왜관읍 관문로 61(분도인쇄소)
분도출판사 · 전화 02-2266-3605 · 팩스 02-2271-3605
분도인쇄소 · 전화 054-970-2400 · 팩스 054-971-0179
www.bundobook.co.kr
ISBN 978-89-419-0617-9   03810

* 신저작권법에 따라 보호를 받는 저작물이므로 무단 전재와 무단 복제를 금합니다.

이해인 동시집

엄마와 분꽃

분도출판사

분꽃처럼 환한 동심을 심어 주신 나의 어머니와

이 시를 읽게 될 이 땅의 모든 어머니와 어린이들

그리고 수녀원 가족들에게

이 책을 바칩니다

마음만은 늙지 않는 하느님의 아이로 남아

『엄마와 분꽃』은 내가 1970년부터 동심의 노래들을 발표하기 시작한 지 꼭 20년 만에 내놓는 나의 첫 동시집입니다.

지금껏 몇 권의 책들을 세상에 선보였지만 이번에 내놓는 이 동시집은 작품에 대한 평가와는 별도로 내겐 특히 사랑이 가는 책이고 그래서 설렘과 기쁨도 그만큼 큽니다.

지난 20년 동안 더러는 잃어버렸지만 조각보를 위한 색색의 헝겊을 모으듯이 소중히 간직했던 시들을 거의 빼지 않고 실었습니다. 세월과 더불어 몸은 늙어도 마음만은 늙지 않는 하느님의 아이로 남아 나는 앞으로도 틈틈이 분꽃 빛깔의 동시를 쓰고 싶습니다.

　끝으로 미흡한 동시 원고들을 제일 먼저 읽어 주시고 한 권의 책으로 엮을 수 있도록 격려를 아끼지 않으신 윤석중 선생님, 나의 시 세계를 이야기해 준 정채봉 선생님, 책을 아름답게 꾸며 준 오순도순 공동체의 형제들과 분도출판사에 감사드립니다. 또한 만남과 글을 통해 자주 동시의 소재가 되어 준 나의 사랑스런 조카들에게도 고마운 마음을 전합니다.

　　　　　　　　　　　　　　　1991. 가을
　　　　　　　　　　　　　　　이해인 수녀

새로 꾸민 『엄마와 분꽃』을 내며

　1992년에 초판을 낸 나의 유일한 동시집 『엄마와 분꽃』의 발간을 그 누구보다 기뻐하셨던 아동문학가 윤석중 선생님, 정성스런 발문을 써 주신 정채봉 선생님은 이미 고인이 되셨습니다.
　늘 아름다운 동화나 동시를 쓰고 싶다고 입버릇처럼 말을 하면서도 오랜 세월이 흐르는 동안 두 번째 동시집이 아직 나오지 못하고 있는 것만 보아도 동시를 잘 쓰기가 얼마나 어려운가를 새롭게 절감하곤 합니다. 많은 독자들, 특히 어린이들이 『엄마와 분꽃』을 사랑해 주었으며 더러는 교과서에 실리기도 하였습니다.
　이 동시집은 해마다 분꽃씨를 받아 꽃향기 가득한 편지와 함께 보내곤 하셨던 나의 어머니와 가족들 그리고 유년의 추억에게 바친 노래들입니다.

　초판을 냈던 분도출판사에서 새롭게 꾸며 주신 이 동시집이 독자들에게 친숙하고 정겨운 동심으로 말을 건넬 수 있기를 기대해 봅니다.

　오늘도 나는 분꽃씨 서른 개를 따서 꽃 봉투에 담았습니다. 저녁이면 더욱 진한 향기를 풍겨 오는 꽃술 고운 분꽃처럼 곱고 맑은 그리움으로 오늘도 여러분을 기억하면서 감사의 기도를 바칩니다.

2006. 가을
이해인 수녀

차례

마음만은 늙지 않는 하느님의 아이로 남아 … 6
새로 꾸민 『엄마와 분꽃』을 내며 … 8

엄마와 분꽃

엄마를 기다리며 … 16
어머니 편지 … 18
엄마와 아이 … 21
아기는 … 22
나무가 크는 동안 … 24
해바라기 마음 … 26
해님도 나를 보고 … 28
달밤 … 30
크고 싶은 아이 … 31
엄마는 우리에게 … 32
엄마, 저는요 … 34
내가 아플 때 … 36
엄마와 분꽃 … 38
내 마음 … 40
먼지를 쓸어 내고 … 41
쓰레기통 앞에서 … 42
매일 보는 식구들인데 … 44
우리 집에 신발이 많을 때면 … 46
할아버지 … 48

아버지를 그리며 … 50
백두산에서 … 52
나의 꿈속엔 … 54
우는 연습 … 56

수녀와 까치

아이의 창엔 … 58
바다가 쉴 때는 … 60
봄이 되면 땅은 … 61
나의 하늘은 … 62
내 안에서 크는 산 … 64
햇빛을 받으면 … 66
수녀와 까치 … 68
밭 노래 … 70
감을 먹으며 … 73
있잖니 꼭 그맘때 … 74
별을 보며 … 76
솔방울 이야기 … 78
달을 닮아 … 81
친구 바람에게 … 82
별 아기를 생각하며 … 84
바다 일기 … 86

꽃마음 별마음

봄은 어디 있을까 … 90
봄비 … 92
봄 일기 … 93
진달래 … 96
아침 꽃밭에서 … 97
꽃편지 … 98
너는 아는가 몰라 … 100
꽃마음 별마음 … 103
꽃집에서 … 104
복사꽃과 벚꽃이 … 106
잔디 위에서 … 108
예수님 마음 … 110
해바라기에게 … 113
고마운 여름 … 114
메밀꽃 밭에서 … 116
눈 내리는 날 … 117
코스모스 … 118
통일로의 코스모스 … 120
들국화 … 122
은행잎 가을 … 124
크리스마스 마음 … 126
눈 온 날 아침 … 128

너는 보았니?

새해를 그리며 … 130

달력을 볼 때 … 132
설날 아침 … 133
촛불의 기도 … 134
고마운 꿈 … 136
짝꿍 … 137
잠이 주는 선물은 … 138
잠에게 … 140
연필을 깎으며 … 142
친구와 다툰 뒤에 … 144
너를 태운 기차는 … 148
너는 보았니? … 150
냇물처럼 따라오는 … 151
유월 편지 … 152
너의 편지 받는 날 … 154
우체국에서 … 156
마음에 드는 한 권의 책 … 158
선생님이 결석하신 날 … 160
소풍 전날 … 162
혼자 있고 싶은 날 … 164
점심 시간 … 166
겨울 편지 … 168
산체스에게 … 170
글짓기 숙제 … 172
그릴 수 없는 그리움을 … 173
너의 말이 언제나 … 176

쌍둥이 조카의 글 / 글 속에서 사시는 수녀 고모님 … 178

시인과 시 / 솔밭 사이로 흐르는 여울 같은 시 · 정채봉 … 182

엄마와 분꽃

엄마를 기다리며

동생과 둘이서
시장 가신 엄마를 기다리다가
나는 깜빡 잠이 들었습니다

문득 눈을 떠 보니
"언니, 이것 봐!
우리 엄마 냄새 난다"

벽에 걸려 있는
엄마의 치마폭에 코를 대고
웃고 있는 내 동생

시장 바구니 들고
골목길을 돌아오는
엄마 모습이
금방 보일 듯하여

나는 동생 손목을 잡고
밖으로 뛰어나갑니다
엄마 기다리는 우리 마음에
빨간 노을이 물듭니다

어머니 편지

철 따라 내게 보내는
어머니 편지에는
어머니의 향기와
추억이 묻어 있다

당신이 무치던
산나물 향기 같은 봄 편지에는
어린 동생의 손목을 잡고
시장 간 당신을 기다리던
낯익은 골목길이 보인다

당신이 입으시던
옥색 모시 적삼처럼
깨끗하고 시원한 여름 편지에는
우리가 잠자는 새
빨간 봉숭아 물 손톱에 들여 주던
당신의 사랑이 출렁인다

당신이 정성껏
문 창호지에 끼워 바르던
국화잎 내음의 가을 편지에는

어느 날
딸을 보내고
목메어 돌아서던
당신의 쓸쓸한 뒷모습이 보인다

당신이 다듬이질하던
하얀 옥양목 같은 겨울 편지에는
꿇어서 묵주알 굴리는
당신의 기도가 흰 눈처럼 쌓여 있다

철 따라 아름다운
당신의 편지 속에
나는 늘 사랑받는 아이로 남아
어머니만이 읽을 수 있는
색동의 시들을
가슴에 개켜 둔다

엄마와 아이

"엄마
난 엄마가
내 앞에 계셔도
엄마가 보고 싶어요"

동그랗게 웃음 짓는
동그란 아이를 끌어안는
동그란
그리움 속의 엄마

"그래
나도 네가
내 앞에 있어도
네가 보고 싶단다"

아기는

실핏줄까지도
살짝 내비치는
연분홍 부드러움

아기의 얼굴은
꽃잎을 닮았네

웃을 때마다
꽃가루 날리며
퍼져 가는
아기의 향기

말을 배우기 전의
어린 아기는
한 송이 꽃으로
누워서도 걸어오네
새근새근 숨소리는
실로폰 소리를 내며
음악이 되네

나무가 크는 동안

나무가 크는 동안
아기의 키도 조금씩 커 갑니다
꽃이 피고 지는 동안
아기의 마음도 조금씩 커 갑니다

봄 여름 가을 겨울
겨울 가을 여름 봄
자꾸 가고
자꾸 오고
나무가 크는 동안
아기가 크는 동안

엄마 아빠에겐
흰머리와 주름살
더욱 많아지시고

"아니, 얘가 언제 이렇게 컸지요?"
"세월은 참 빠르기도 해요"
노래처럼 외우는 동안
아기는 조금씩 어른이 되어 갑니다
그래서 어느 날
오월의 푸른 나무처럼
엄마 아빠 곁에 서겠지요

참 신기하지 않아요?
나무가 크는 동안
아기도 크는 것이
아기가 크는 동안
나무도 크는 것이

해바라기 마음

온종일 해를 보며 산다는
노란 해바라기를
엄마는 보셨을 거야

엄마 꽃밭에는
해 바라는 아이들이
많이도 있다는데

사람들이 날마다
해를 보고 사는 것처럼
엄마를 보고 사는 건
우리의 제일 큰 기쁨이어요

하느님이 들려주는
조용한 이야기들이
착한 맘을 갖고 있으면
퍽 잘도 들려온다고

엄마는
해를 보고
우리는
엄마를 보고

해님도 나를 보고

엄마 심부름을 기쁘게 하고
숙제도 열심히 하고
동생과도 사이좋게 잘 지낸 날
그런 날은
엄마가 나를 보고 웃으시듯이
해님도 나를 보고
웃는 것만 같아요

내가 엄마 말씀 잘 듣지 않고
숙제도 미루어 두고
동생하고도 싸움만 한 날
그런 날은
엄마가 나를 보고
찡그리시듯이
해님도 나를 보고
찡그리시는 것 같아요

반성하는 새 마음을
새 연필 깎아
또박또박 일기장에 적어 넣으면
내 마음의 하늘에도
해가 뜹니다

"잘못했습니다
다신 안 그럴게요"
용서를 청하고 나면
어두웠던 마음에도
해가 뜹니다

달밤

내가 너를 낳을 무렵엔
둥근 달 속에서
고운 선녀들이 비단구두 신고
춤추는 모습을 보았단다

즐겨 말씀하시던
엄마의 얼굴
그 둥근 얼굴이
달 속에서
나를 내려다본다

다시 어린이가 되어
"엄마" 하고
나직이 불러 보면
"그래" 하고
대답하는
은은한 달빛의 소리

크고 싶은 아이

비 오는 날
아이가 창 밖으로
얼굴을 쏘옥 내밉니다

"아니, 얘가?
너 뭐하는 거야?"
깜짝 놀라 달려온 엄마에게
아이는 웃으며 대답합니다

"엄마, 나도 클 수 있는 거지?
나도 새싹처럼 비를 맞으면
더 빨리 클 수 있는 거지?"

엄마는 우리에게

학교에서 돌아오면
책상 앞에 앉아
내내 동화책만 읽는 나에게 엄마는
"제발 좀 밖에 나가서
뛰어놀다 들어오면 안 되니?"

책가방 내던지자마자
밖에 나가 뛰어노는 내 동생에겐
"제발 들어가서
책 좀 읽다 나오면 안 되니?"

엄마 말씀 듣지 않고
하던 일을 더 열심히
계속하는 우리에게
"애들은 참…"
웃고 마시는 엄마
말 안 듣는 우리에게
늘 지고 마시는 엄마

엄마, 저는요

엄마, 저는요
새해 첫날 엄마가
저의 방에 걸어 준
고운 꽃달력을 볼 때처럼
늘 첫 희망과 첫 설렘이 피어나는
그런 마음으로 살고 싶어요

첫눈이 많이 내린 날
다투었던 친구와 화해한 뒤
손잡고 길을 가던 때처럼
늘 용서하고 용서받는
그런 마음으로 살고 싶어요

엄마, 저는요
장독대를 손질하며
콧노래를 부르시고
꽃밭을 가꾸시다
푸른 하늘 올려다보시는

엄마의 그 모습처럼

늘 부지런하면서도 여유 있는

그런 마음으로 살고 싶어요

내가 아플 때

내가 아플 때
내 이마를 짚어 보는
엄마의 손은
내가 안 아플 때 만져 보던
엄마의 손보다
몇 배나 더 부드럽고 따스해서
나는 금세
눈물이 핑 돕니다

내가 아플 때
유리창으로 내다보는
조그만 크기의 하늘은
내가 안 아플 때
마음 놓고 올려다본 하늘보다
몇 배나 더 푸르고 아름다워서
나는 금세
울어 버릴 것만 같습니다

내가 아플 때는

후회되는 일들도 많습니다

이제 다시 학교에 가면

조그만 일로 말다툼했던 현아에게

제일 먼저 달려가서

활짝 핀 웃음을 선물하겠습니다

엄마와 분꽃

엄마는 해마다
분꽃씨를 받아서
얇은 종이에 꼭꼭 싸매 두시고
더러는 흰 봉투에 몇 알씩 넣어
멀리 있는 언니들에게
선물로 보내셨다

어느 날
학교에서 돌아온 나에게 엄마는
"분꽃씨를 뿌렸단다
머지않아 싹이 트고 꽃이 피겠지?"
하시며 분꽃처럼 환히 웃으셨다

많은 꽃이 피던 날
나는 오래오래 생각했다

고 까만 꽃씨 속에서
어쩌면 그렇게 푸른 잎이 돋았는지?
어쩌면 그렇게 빨간 꽃 노란 꽃이
태어날 수 있었는지?

고 딱딱한 작은 씨알 속에서
어쩌면 그렇게 부드러운 꽃잎들이
한꺼번에 쏟아져 나왔는지?

나는 오래오래
분꽃 곁을 떠날 수가 없었다

내 마음

꿈길로 가만히 가면
무엇이나 다 볼 수 있고
어디든지 다 갈 수 있는
내 마음

화가 나고 울고 싶다가도
금방 깔깔 웃기도
좋기도 한 내 마음

꼭 하나인 것 같으면서도
날마다 때마다
다른 빛깔 되는 마음

사진으로 찍어 낼 수만 있다면
어떤 모양이 될까?
정말 궁금한 내 마음

먼지를 쓸어 내고

먼지를 쓸어 내고
걸레질을 하면서
하루를 시작하면
내 마음도
깨끗해진다

더러움을 싫어하고
깨끗함을 좋아하는 마음이
초록빛 풀잎처럼
새로 돋아난다

내가 즐거운 마음으로
청소를 할 때마다
식구들이 웃는다
나도 따라 웃으면
환해지는 우리 집
환해지는 이 세상

쓰레기통 앞에서

헝겊 조각 종이 조각 유리 조각
과일 껍질 계란 껍질 볼펜 껍질

버려진 것들로만 가득 찬
우리 집 쓰레기통 앞에서
썩어 가는 냄새 대신
삶의 진한 향기를
맡을 때가 있습니다

아낌 없이 이용당하고
지금은 사라져 가는

주인에게 사랑받다가
지금은 잊혀져 가는

수많은 조각과 껍질들이
왠지 불쌍하게 느껴져서
마주하고 있으면

고마운 마음 전하지 못하고
버리는 일에만 급급해 미안했다고
작별 인사를 하노라면

어느새 웃으며
낮은 목소리의 노래를 부르는
정든 친구 같은 쓰레기들

매일 보는 식구들인데

우리 집 대문이
멀리 보이는
골목길에 들어서면
빨라지는 발걸음에
내 마음이 앞서 뛴다

"이제 왔니?"
반갑게 맞아 주실 어머니와
웃음꽃 가득 피울
언니 오빠 동생이
오늘따라
너무 보고 싶어
금방 눈물이 날 것 같다

참 이상도 하지
매일매일 만나는
우리 집 식구들인데
매일매일 새롭게
보고 싶다니

우리 집에 신발이 많을 때면

학교에 다녀와서
우리 집 현관에 신발이 많은 날은
"손님이 많이 오셨구나"
"누가 오셨을까?"
몹시 궁금하고
설레는 내 마음

설날 추석날
어른들의 생신날
일가 친척들이 많이 모이면
나는 즐거운 마음으로
신발을 세어 봅니다

반들반들 윤이 나는
아저씨들의 검은 구두
뾰족하고 굽 높은 아줌마의 구두
시골 흙이 묻은 할머니의 하얀 고무신
언니 오빠들의 산뜻한 운동화

아가들의 앙증스런 꽃신 …
신발 수만큼이나
나의 기쁨도 늘어납니다

하하 호호 웃음소리와
오순도순 정다운 이야기가
방 안에선 쉬임없이 흘러나오고
신발들은 덩달아
할 이야기가 많은 듯
서로를 바라보며
주인을 기다리고 있습니다

할아버지

"에미 있냐?"
생선 몇 마리 사 들고
문 밖에서
늘 큰기침부터 하시며
우리 집을 들어서시던
할아버지

우리에게 세뱃돈을 주실 때마다
많이 못 주어
늘 미안하다고 말씀하시던 할아버지

내 손목을 꼭 붙들고
위험한 찻길을 건너
학교 앞까지 바래다주시던
할아버지

새벽마다 시조를 외우시고
동네 골목길을 깨끗이 쓰시며

하루를 시작하곤 하시던
할아버지

할머니를 일찍 보내시고
수십 년을 외롭게 사시다가
마침내 저 세상으로 떠나신
나의 할아버지

아버지의 아버지가
몹시 그리운 날엔
아버지의 사진과
할아버지의 사진을
번갈아 본다

"잘 지내니?"
사진 속에서
말씀하시는
두 분의 목소리

아버지를 그리며

빨간 달리아가 가득한
여름 꽃밭에서 콧노래를 부르며
꽃밭을 손질하시던
아버지의 그 모습

회사에서 돌아오실 때면
우리가 좋아하는
맛있는 것 사 들고
우리 집 앞 층계를
단숨에 뛰어 올라오시던
아버지의 그 모습

때로는 온 식구를
한자리에 모아 놓고
즐거운 노래 부르시던
아버지의 그 모습

어린 시절
내 안에 깊이 찍힌
아버지의 그 모습은
사진보다 선명해서
지워지지 않는다

통일이 되면
아버지를 만날 수 있을까?
기다리고 기다리며
40년이 흘렀다

백두산에서

내가 여섯 살 때
이북으로 끌려가신 아버지
처음으로 내게
노래를 가르쳐 주신 아버지를
백두산 꼭대기에 올라
처음으로 크게 불러 본다
40년 만에 큰 소리로 불러 본다

하늘나라에 계세요?
땅 위에 계세요?
가족과 헤어진 후
한 번도 소식을 들을 수 없던
보고 싶은 아버지
아버지의 모습이
오늘은 백두산으로 솟는다

간절한 기도를 바쳐도
통일의 노래를 불러 봐도
대답은 들리지 않고
바람 소리만 가득할 뿐
하늘과 호수만
너무 맑고 푸를 뿐

나는 서둘러
산을 내려온다
묻어 둔 그리움이
화산으로 폭발할 것 같아
나는 울지도 못하고
산을 내려온다

나의 꿈속엔

꿈속에서 그려 보는
나의 그림 속엔
하나도 슬픈 얼굴이 없다

세월이 가면 자꾸 가면
할 수 없이
사람은 늙는다지만

우리 엄마 얼굴은
언제나 젊어 있고

북녘 멀리
떠나신 아빠도
이내 돌아오시고

나는 참 기뻐서
웃기만 한다

꿈속에서 그려 본
나의 그림 속엔
한 번도 어둔 빛깔이 없다

어른들이
멋없이
괴로워하는 세상

세상이 어둡다면
빨갛게 파랗게
물들여 놓을까

나의 꿈속엔
나의 하늘엔
오늘도 즐거워라
무지개 선다

우는 연습

엄마를 기다리다 지친 아이는
심통이 잔뜩 나서
찡그린 얼굴로
거울 앞에 섰습니다

엄마가 도착하면
"이렇게 울어 볼까?"
"저렇게 울어 볼까?"
우는 연습 한참 하다
어느새 스르르
잠이 든 아이

꿈에서도
우는 연습
계속하는지
얼굴엔 눈물도 없는데
흐느낍니다

수녀와 까치

아이의 창엔

아이가 유리창을 닦는다
그 위에
화안히 비쳐 오는
산 바다 하늘
길

닦으면 닦을수록
어쩌면 이토록
아름다운 세상일까

산 숲에선
산새가 울고

멀리 구름 위에
아까부터
웃고 계신 해님

아침마다 하늘 보는
아이의 까아만 속눈에
촉촉히 빛나는 구슬

이제
유리창보다
말갛게 갠 아이의 창에
산 바다 하늘 길과 함께
빨간 석류꽃 아침이 핀다

바다가 쉴 때는

여름에 왔던
많은 사람들로
몸살을 앓던 바다가
지금은 조용히 누워
혼자서 쉬고 있다

흰 모래밭에
나도 오래 누워
쉬고 싶은 바닷가

노을 한 자락 끌어내려
저고리를 만들고
바다 한 자락 끌어올려
치마를 만들면서
수평선을 바라보면
내가 혼자인 것이
외롭지 않다

봄이 되면 땅은

깊숙히 숨겨 둔
온갖 보물
빨리 쏟아 놓고 싶어서
땅은 어쩔 줄 모른다

겨우내
잉태했던 씨앗들
어서 빨리 낳아 주고 싶어서

온몸이
가렵고 아픈
어머니 땅

봄이 되면 땅은
너무 바빠
마음 놓고 앓지도 못한다
너무 기뻐
아픔을 잊어버린다

나의 하늘은

1
그 푸른 빛이 너무 좋아
창가에서 올려다본
나의 하늘은
어제는 바다가 되고
오늘은 숲이 되고
내일은 또
무엇이 될까

몹시 갑갑하고
울고 싶을 때
문득 쳐다본 나의 하늘이
지금은 집이 되고
호수가 되고
들판이 된다

그 들판에서
꿈을 꾸는 내 마음
파랗게 파랗게
부서지지 않는 빛깔

2
하늘은
희망을 고인
푸른 호수

나는 날마다
희망을 긷고 싶어
땅에서 긴 두레박을
하늘까지 댄다

내가 물을 많이 퍼 가도
늘 말이 없는
하늘

내 안에서 크는 산

좋아하면 할수록
산은 조금씩 더
내 안에서 크고 있다

엄마
한 번 불러 보고
하느님
한 번 불러 보고
친구의 이름도 더러 부르면서
산에 오르는 날이
많아질수록

나는 조금씩
산을 닮아 가는 것일까?

하늘과 바다를 가까이 두고
산처럼 높이
솟아오르고 싶은 걸 보면

산처럼 많은 말을 하지 않고도
그냥 마음이 넉넉하고
늘 기쁜 걸 보면

햇빛을 받으면

햇빛을 많이 받아
단물이 많이 든
과일을 먹을 때

"아, 맛있다
햇빛을 아주 잘 받은 게야"
감탄을 거듭하시는
어머니의 말씀을 들으면

나도
하느님의 빛을 받아
잘 익은 마음을 갖고 싶다는
그런 생각을 합니다

내가 몹시 추울 때
나를 금세 녹여 주는
한 줄기의 고마운 햇빛을 받으면

나도 그렇게
소리없이 스며 드는 햇빛처럼
이웃을 따뜻하게 녹여 주는
사랑의 마음을 갖고 싶다는
그런 생각을 합니다

수녀와 까치

네가
나의 창가에서 울던 날은
까치야

멀리 수녀원에 간
작은언니한테서
솔향기 나는 편지를 받았단다

아침마다 즐겁게
찬미의 노래를 부른다는 언니
세상 욕심 다 버리고
흰 깃을 단 검은 옷에
하얀 수건을 쓰고 사는 언니는
꼭 너를 닮았구나
까치야

언니도 너처럼
누구에게나 기쁜 소식 전해 주는
한 마리의 새가 되었으면 좋겠구나
까치야

밭 노래

1
밭은 해마다
젖이 많은 엄마처럼
아이들을 먹여 살립니다

배추 무 상추 쑥갓
감자 호박 당근 오이
수박 참외 토마토 옥수수

아이들의 이름은
참 많기도 합니다

2
비 온 뒤
밭에 나가니
땅속을 몰래 빠져나온
아기 홍당무가

흙 묻은 얼굴로 웃고 있다가
나에게 들켜서
얼굴이 더 빨개졌습니다

"나 좀 씻겨 줘" 하길래
방으로 데리고 왔더니
내 책상 위에 앉아
날마다 밭 이야기를 들려줍니다

3
비 온 뒤
밭에 나가면
마음도 흙처럼 부드러워집니다
흙 속에 꿈틀대는 굼벵이도
오늘은 정답게 느껴집니다

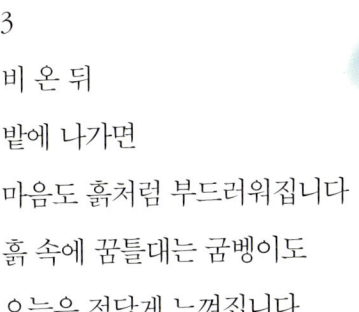

다시 보는 햇빛 아래 흙을 만지면
말 잘 듣는 어린이의
착한 마음이 됩니다

4
아침부터 하얀 나비가
밭에서 춤을 춥니다
하얀 감자꽃 위에
살포시 앉아
생각에 잠긴 흰나비

먼 데서 보니
꽃과 나비가 하나입니다

감을 먹으며

하얀 눈 내리는 날
주홍빛 홍시를 먹는다
감을 건네 주는
할머니의 깊은 사랑도 먹는다

감은
활활 타오르는
그리움의 빛과 맛

감을 달게 익혀 준
햇볕과 바람을 나도 달게 마신다

감 속에 들어 있는
고향 하늘
붉게 타는 저녁노을도 마신다

있잖니 꼭 그맘때

있잖니 꼭 그맘때
산 위에 오르면
있잖니 꼭 그맘때
바닷가에 나가면
활활 타다 남은 저녁노을
그 노을을 어떻게
그대로 그릴 수가 있겠니

한 번이라도 만져 보고 싶은
한 번이라도 입어 보고 싶은
주홍의 치마폭 물결을
어떻게 그릴 수가 있겠니

혼자 보기 아까워
언니를 부르러 간 사이
몰래 숨어 버리고 만 그 노을을
어떻게 잡을 수가 있겠니

그러나 나는
나에게 노을을 주고
너에게도 노을을 준다

우리의 꿈은 노을처럼 곱게
타올라야 하지 않겠니
때가 되면 조용히
숨을 줄도 알아야 하지 않겠니

별을 보며

고개가 아프도록
별을 올려다본 날은
꿈에도 별을 봅니다

반짝이는 별을 보면
반짝이는 기쁨이
내 마음의 하늘에도
쏟아져 내립니다

많은 친구들과 어울려 살면서도
혼자일 줄 아는 별
조용히 기도하는 모습으로
제자리를 지키는 별
나도 별처럼 살고 싶습니다

얼굴은 작게 보여도
마음은 크고 넉넉한 별
먼 데까지 많은 이를 비추어 주는
나의 하늘 친구 별

나도 날마다
별처럼 고운 마음
반짝이는 마음으로
살고 싶습니다

솔방울 이야기

1
뒷산에 오를 때마다
한두 개씩 보물을 줍듯
주워 온 솔방울들이
여러 개 모여 있는 나의 방 안에서
그들의 산 이야길 들으며
산을 생각하는 파아란 기쁨
모두 다 저마다의 이야길 지녀
생긴 모습도 조금씩 다른 걸까

어느 날은 내게
숲 속에서 만난
산꿩 가족의 정다운 모습과
도토리 줍는 다람쥐의
귀여운 몸짓을 이야기해 주고

또 어느 날은
내가 좋아하는

진달래나 철쭉의 다른 점을
이야기해 주었지

2
책을 읽거나 글을 쓰다가
눈이 아플 때면
정든 친구 만나 보듯
솔방울을 본다

몸이 아파 하루 종일
혼자 누워 있을 때도
솔방울들 때문에
심심하지 않았지

그들의 바다 이야길 들으며
바다를 생각하는
파아란 기쁨

어느 날은 내게
소나무 꼭대기에서 바라보았던

파도와 수평선과 갈매기의 모습을
한 폭의 그림 그리듯 이야기해 주고

또 어느 날은
바다에 펼쳐진 저녁노을의 모습을
지는 해의 아름다움을
이야기해 주었지
내가 좋아하는
좋은 친구 솔방울은
끝도 없는 이야기 방울이지

달을 닮아

박꽃에 스미는 달빛
달맞이꽃에 스미는 달빛
그대로
내 마음에 스며 드네

밤새
달빛 안고
잠을 자다
아침에 일어나면
나는 달을 닮아
마음도 고요하고
부드러워지겠네
햇빛 또한
잘 받겠네

친구 바람에게

나뭇잎을 스치며
이상한 피리 소리를 내는
친구 바람이여

잔잔한 바다를 일으켜
파도 속에 숨어 버리는
바람이여
나의 땀을 식혀 주고
나의 졸음 깨우려고
때로는 바쁘게 달려오는
친구 바람이여

얼굴이 없어도
항상 살아 있고
내가 잊고 있어도
내 곁에 먼저 와 있는 너를
나는 오늘 다시 알았단다

잊을 수 없는 친구처럼
나를 흔드는 그리움이
바로 너였음을
다시 알았단다

별 아기를 생각하며

태어나는 순간부터
목이 마른 예수 아기

사랑이 너무 많아
고독한
별 아기

그와 함께
나도
믿음의 먼 길을
갈 수 있을까?

기쁨 못지않게
그가 받아 안은
아픔의 세월을
끝까지 견디어 낼 수 있을까?

나도 잠시
예수님의 어머니
마리아를 닮는 밤

하늘에서 내려온
별 아기를 품에 안고
나도 별이 되는 꿈을 꾸네

아기가 태어나신 기쁨이
너무 커서
많은 이들과 인사를 나누다가
왠지 조금은 쓸쓸해지는
성탄 밤
별 아기의 밤

바다 일기

1
늘 푸르게 살라 한다

수평선을 바라보며
내 굽은 마음을 곧게

흰 모래를 밟으며
내 굳은 마음을 부드럽게

바위를 바라보며

내 약한 마음을 든든하게

그리고

파도처럼 출렁이는 마음

갈매기처럼 춤추는 마음

늘 기쁘게 살라 한다

2

바람 많이 부는 날

나는 바다에 나가

마음에 가득 찼던

미움과 욕심의 찌꺼기들을

모조리 쏟아 버리고

거센 파도 밀리면

깊이 숨겨 두었던

비밀 이야기들을

바다는 소라 껍질에 담아

모조리 쏟아 버리네

3
집에 돌아와서도
자꾸만 바다를 생각하다가
꿈에도 바다에 가네

아이들과 함께 조가비를 줍다가
금방 하루가 저물어 안타까운
바닷빛 꿈을 꾸네

꽃마음 별마음

봄은 어디 있을까

산으로 올라가
"엄마" 하고
부르면
되돌아오는
산 메아리

겨울이 지났는데
봄은 어디 있을까?

연둣빛 들판으로
뛰어나갔어요

아, 그랬더니
꽃이 피어나는 소리
생명의 나무들이 잠 깨는
떨리는 기쁨으로
이 봄은
화안히 웃고 있었습니다

엄마
봄은 또 어디 있어요?
가만히 귀를 모으면
엄마의 가슴에도
나의 마음에도 가득히
푸른 물결 지으며
출렁이고 있나 봐요

봄비

뽀얀 안개 쓰고
명주실 봄비 내리네

얼굴이 간지러운 개나리도
노란 웃음 흩날리네

나도 따라 웃으면
따뜻해지는 마음

봄 일기

1

미루나무 꼭대기에
둥지를 트는 까치집처럼
아직 아무도 엿보지 않은
내 꿈의 집을
높이 매달고 싶습니다

새가 고운 알을 품듯이
나도 희망을 품고 싶습니다
그리고 어느 날
따뜻하고 동그란 희망의 알을
많이 낳아 키우고 싶습니다

2

누구에게나
낯을 가리지 않고
웃음 띤 아가 얼굴
봄은 아가의 그 얼굴을 닮았지요

땅의 모양을 가리지 않고
어디서나 꽃피는
한 송이 민들레
봄은 민들레 마음을 닮았지요

3
하얀 도화지에
연두색 크레파스를 문지르듯이
오늘은 내 마음에도
봄빛을 칠해 줍니다

연두색으로 갈아입은
산 나무 잔디를 바라보며
바람을 마시면

어디선지
꼭 보일 것만 같은
하느님의 연둣빛 옷자락

4

노랑나비 한 마리
하도 반가워
"봄" 하고
외쳤습니다

나비는 모르겠지요
내가 얼마나
사랑스런 눈길로
저를 보았는지를

잡힐 수 없는 나비를 잡아 달라고
오빠에게 보채던 내 어린 시절을
울고 싶도록 그리워했다는 것을

진달래

피고 싶어서
피고 싶어서
밤새 몸살을 앓았대요
열도 높았대요

봄비가 내리니
이젠 하나도
아프지 않대요

산에 들에 터지는
진분홍 웃음소리
꽃문이 열리는 소리

진달래가 아프지 않자
덩달아 몸살 앓던 나도
이젠 아프지 않아요

아침 꽃밭에서

아침마다 꽃밭에서
꽃들과 입맞추며
향기 맡는 우리 언니

꽃술에 달린
노란 꽃가루가
코 끝에 묻은 것도 모르고
활짝 웃으며
하늘을 보는
언니 얼굴에도
아침의 노래처럼
한 송이 고운 꽃
하얀 꽃이 핍니다

언니도 한 송이
꽃이 됩니다

꽃편지

해마다 너의 편지는
꽃으로 말을 건네는
꽃편지

봄에는 진달래
여름엔 장미
가을엔 코스모스

철 따라 꽃잎을 붙여 내게 보내 온
네 편지를 읽으면
네 고운 마음과 함께
글씨도 꽃으로 피어났지

네 얼굴 네 목소리
꽃 위에서 흔들리고
네가 보고 싶은 나는
마른 꽃잎 향기에
가만히 입맞추고

끝나는 게 싫어서
일부러 천천히 읽는 네 편지는
꽃마음으로 사랑을 전하는
꽃편지

너는 아는가 몰라

1
너를 깊이
생각하다
간밤 꿈에도
나의 정원에서
너를 보았지

필 듯 말 듯 봉오리로 맺혀 있더니
오늘 아침 창문을 여니
어느새 활짝 피어
소리 내어 웃고 있구나

"얘는 참 깍쟁이같이
꼭 내가 안 볼 때만
몰래 몰래 핀다니까"

그래도 난
항상 네가 좋아
먼 데서 너를 보기만 해도
기뻐서
어쩔 줄 몰라 하는 나의 마음
너는 조금이라도
아는가 몰라

2
너는 어디에 있든지
나에게
고마운 친구

너를 보면

내 마음의 빛깔도

절로 고와지고

딱딱했던 마음이

부드러워지고

시끄러웠던 마음은

조용해진다

그래서 한 장의 시든 꽃잎이라도

버릴 수 없는 내 마음

너는 알고 있는가 몰라

꽃마음 별마음

오래오래 꽃을 바라보면
꽃마음이 됩니다
소리없이 피어나
먼 데까지 향기를 날리는
한 송이의 꽃처럼
나도 만나는 이들에게
기쁨의 향기 전하는
꽃마음 고운 마음으로
매일을 살고 싶습니다

오래오래 별을 올려다보면
별마음이 됩니다
하늘 높이 떠서도 뽐내지 않고
소리없이 빛을 뿜어 내는
한 점 별처럼
나도 누구에게나 빛을 건네 주는
별마음 밝은 마음으로
매일을 살고 싶습니다

꽃집에서

"어느 꽃을 사겠니?"
"……"
"어느 꽃을 사겠냐니까?"
"……"

꽃집에 들어가서
꽃을 사는 일은
정말 어려워요

꽃들은 다
저마다의 모양과 빛깔이
너무 아름답거든요
향기가 좋거든요
모두 다
내 마음에 들거든요

꼭 한 가지만
골라서 산다는 일은
어쩐지 미안하고
어쩐지 슬퍼집니다

그래서
꽃집을 슬며시
그냥 나와 버립니다

복사꽃과 벚꽃이

복사꽃은
소프라노
벚꽃은
메조 소프라노

두 나무가
나란히
노래를 부르다가

바람 불면
일제히 꽃잎을 날리며
춤을 춥니다

나비와 새들이
가던 길을 멈추고
구경꾼이 됩니다
하하 호호 웃으며
손뼉 칩니다

잔디 위에서

이슬에 젖어
영롱한 아침이
잔디에 앉아 있다

풀잎 향기 맡으며
파란 노래 날리면
노래는 연처럼
높이 올라간다

저녁이 되면
잔디에 누워
하늘을 본다

노을 안고
구름 따라
하늘에 가면

나도 구름이 되어
둥둥 떠 가고 있다

예수님 마음

마음이 온유하고 겸손하신 예수님
유월엔 예수님을
더 많이 생각한다
어려서는 나처럼 엄마 품에 안기시고
어른이 되어서는
어린이를 품에 안고 축복하시며
하늘나라 얘기를 들려주시던
참 부드럽고 따뜻한 예수님 마음

유월엔 예수님을
더 많이 사랑한다
불쌍한 사람 아픈 사람
두루 찾아다니시며
정성껏 위로하고 보살펴 주신
참 넓고 깊은 예수님 마음

죄인을 용서하실 때는
어진 아버지 같으셨고
열심히 설교하실 때는
선생님 같으셨고
들에 핀 꽃들을 바라보실 땐
시인 같으셨을 예수님 마음

십자가에 못박히실 땐
큰 소리로 아버지를 부르시며
괴로움과 아픔에 무너지시고
창에 찔리신 예수님 마음

죽음 후에 다시 부활하시어
승리의 큰 기쁨 세상에 가져오신
참 놀랍고 새로운 예수님 마음

내 작은 마음이
그 크신 마음을
어떻게 다 헤아릴 수 있을까
하지만 예수님을
더 많이 알고 싶다
더 많이 닮고 싶다
예수님 마음처럼
빨간 장미가 핏빛으로 타는 유월

유월엔 예수님을
더 많이 사랑한다

해바라기에게

해님의 얼굴은
보고 또 보아도
자꾸만 보고 싶어
어느새 키만 훌쩍 컸구나
해바라기야

해님의 음성은
듣고 또 들어도
자꾸만 듣고 싶어
귀를 너무 세우다가
머리까지 너무 무거워
고개를 떨구었구나

그래
옆 친구와는 나누어 가질 수 없는
그리움이 하도 깊어
어느새 까맣게 가슴이 탔구나
해바라기야

고마운 여름

푸른 잎으로
그늘을 만들어 주는 나무들이
새삼 고마워서
"나무야, 나무야"
친구를 부르듯이
정답게 불러 봅니다

나의 땀을 식혀 주는
한 줄기 바람이
새삼 고마워서
"바람아, 바람아"
노래를 부르듯이
정답게 불러 봅니다

장마 뒤에
쨍쨍 내리쬐는 햇볕이
새삼 고마워서
"해님, 해님"

하느님을 부르듯이
반갑게 불러 봅니다

해 아래서
해에 익은 둥근 수박
여럿이 나누어 먹으면
크게
넓게
둥글게
열리는 마음

지구 모양의 수박을
먹을 때마다
지구 가족
우리 가족
하나 되는 꿈을 꾸는
고마운 여름

메밀꽃 밭에서

"우린 늘 함께 있어야 해"
"그래, 우린 늘 함께 있어야 해"

바람이 불 때마다
나직이 속삭이는
하얀 꽃무리

하늘이
구름을 떼어
푸른 들판에
점점이 쏟아 놓은
하얀 웃음 물결

눈 내리는 날

고운 마음으로
흰 눈을 맞습니다
나무처럼 오래 서서
차갑지만 부드러운
눈 세례를 받고
깨끗한 눈 나라의
눈사람이 됩니다

착한 마음으로
흰 눈을 먹습니다
입 안에서 스르르 녹는
한 움큼의 하얀 꿈
꿈을 삼키고
기도하는 눈 나라의
눈사람이 됩니다
해 아래 녹아도 좋을
눈사람이 됩니다

코스모스

바람이
가을을 데리고 온
작은 언덕길엔
코스모스
코스모스
분홍 빛 하얀 빛
웃음의 물결

가느다란 몸매에 하늘을 담고

조용한 목소리로

노래하는 소녀들

푸른 줄기마다

가을의 꿈 적시며

해맑게 웃는다

코스모스

코스모스

바람이 분다

통일로의 코스모스

해마다 가을이면
제가 피어난 나라의
갈려진 땅이 하나 되기를
헤어진 사람들이 하나 되기를
수없이 빌어 온 코스모스

길을 가는 나에게
오늘은 정색을 하고 묻는다
"보세요, 수녀 아줌마
남북 통일은 언제 되나요?"
"나도 몰라" 하고 돌아설 수 없어
"곧 될 거야. 더 열심히 기도하면"
하고 나니
금방이라도 통일이 될 것 같아
나는 하늘의 흰 구름을 보며
환히 웃는다

북녘의 산하라도
더 가까이 보고 싶어
가을이면 더 많이
임진각을 찾아가는 이들의
그리움과 기다림을 함께 울다
꽃잎마저 더 얇아진
통일로의 코스모스
언젠가는
금강산 백두산의 꽃친구들과도
고운 춤을 추고 싶은 코스모스
가슴 아픈 사람들이 많아
아직은 마음껏 웃지도 못하네

휘어도 부러지지 않고
가을 노래 한들대는 네 모습처럼
코스모스야
우리도 여리지만 끈질긴
희망을 가져야겠지? 그렇지?

들국화

꿈을 잃고 숨져 간
어느 소녀의 넋이
다시 피어난 것일까

흙냄새 풍겨 오는
외로운 들길에
웃음 잃고 피어난
연보랏빛 꽃

하늘만 믿고 사는 푸른 마음속에
바람이 실어다 주는
꿈과 같은 얘기
멀고 먼 하늘나라 얘기

구름 따라 날던
작은 새 한 마리 찾아 주면
타오르는 마음으로 노래를 엮어
사랑의 기쁨에 젖어 보는

자꾸
하늘을 닮고 싶은 꽃

오늘은
어느 누구의 새하얀 마음을 울려 주었나
또다시 바람이 일면
조그만 소망에
스스로 몸부림치는 꽃

— 지은이가 중학교 3학년 때 쓴 시

은행잎 가을

자꾸 엄마를 부르고 싶은
하늘 같은 가을
내가 나를 들여다보는
샘물 같은 가을

창가에 떨어진
노오란 은행잎 하나
책갈피에 끼우면
배시시 웃는 얼굴

함께 홍시 먹던
어릴 적 친구들도
잎 속에 살아오네

모두를 사랑하는

모두를 용서하는

은행잎 가을

책갈피에 숨어서

내 마음도 타네

크리스마스 마음

예수님을 불러 본다
남 몰래 친해 둔
별을 부르듯이

예수님을 부르는 마음
그분과 함께 사는 마음은
언제나 크리스마스 마음이지
12월이 아니라도

내가 하기 싫은 일을
예수님 생각하며
기쁘게 할 때
남을 미워하는 마음도
예수님 생각하며
사랑으로 바꿀 때

내 마음은
예수님이 태어나는
크리스마스 마음인 걸
예수님이 나에게
가르쳐 주시지

우리 성당의 색유리처럼
알록달록한 마음의 기쁨
수놓으며 살고 싶어

크리스마스 트리에 달린
금방울 은방울처럼
동그랗게 반짝이는
믿음 소망 사랑

크리스마스 마음으로
매일을 살고 싶어

눈 온 날 아침

곱게 빻은
하얀 설탕 가루
설탕만 가득 찬 세상이라 생각하니
세상이 너무 달구나

곱게 빻은
하얀 소금 가루
소금만 가득 찬 세상이라 생각하니
세상이 너무 짜구나

내 안에서
자꾸자꾸
하얀 웃음 가루 쏟아지는
눈 온 날 아침

너는 보았니?

새해를 그리며

열두 빛깔 색연필로
열두 달을 그린다
1월은 하얀색
2월은 보라색
3월은 연두색
4월은 분홍색
5월은 노란색

6월은 초록색
7월은 남색
8월은 주홍색
9월은 암갈색
10월은 하늘색
11월은 검은색
12월은 연회색

내 마음에 들어 있는
알록달록 열두 달
열두 빛깔의 꿈

매일매일을
더 기쁘게 살아야지
하얀 새 도화지에
새 그림을 그리듯
더 새롭게 살아야지

달력을 볼 때

달력을 볼 때
나의 눈은
자꾸만
보고 싶은 요일과
날짜만 본다

내가 좋아하는 과목이
들어 있는 날
친구를 만나기로 한 날
엄마와 외삼촌 댁에
가기로 한 날

내가 기다리는 날은
동그라미를 쳐 놓지 않아도
자꾸만
커다란 얼굴로
웃으며 뛰어온다

설날 아침

고운 설빔 차려입고
함께 널을 뛰던 친구
보고 싶은 설날 아침

삼백 예순 다섯 날을
착한 마음으로 크고 싶은
나의 희망이
높이 높이 널을 뛴다

어디선지
까치가 운다

촛불의 기도

하느님을 알게 된
이 놀라운 행복을
온몸으로 태우며 살고 싶어요

그분이 주시는 매일매일을
새해 첫날처럼 새로운 마음으로
언제나 설레며 살고 싶어요

하늘 향해 타오르는
이 뜨거운 불꽃의 기도가
나 혼자만의 것은 아니도록

이웃을 위해서도 조국을 위해서도
닫힌 마음 열겠어요
좁은 마음 넓히겠어요

내 키가 작아 드는 아픔을
내 몸이 녹아 드는 아픔을
두려워하지 않겠어요

하얗게 물이 되는
따스한 물이 되는
겸손한 맘으로 살고 싶어요

흔들리는 바람에도
똑바로 눈을 뜨며
떳떳하게 살고 싶어요

고마운 꿈

아침부터 잘못 챙겨
뒤죽박죽인 책가방을 들고
학교에 지각해서
선생님께 혼났는데

책상 위에 놓인
시험 문제가 너무 어려워서
가슴이 쿵쿵 뛰고
앞이 캄캄하여
울고 싶었는데

깨고 보니
꿈?
어휴! 살았구나

더 열심히 공부해야지
웃으며 결심해 본다

짝꿍

나는 언제나
내 짝꿍 진이와
사이좋게 지냅니다

우리는
다르게 생겼어도
아주 친하지요

서로 다른
꽃과 잎사귀
사이좋게 어울리듯이

잠이 주는 선물은

잠이 주는 선물은
꿈인 거야

내가 아기 적에 떠나온
고향 집 앞마당을
그대로 보여 주고

복숭아꽃 닮은
내 소꿉동무의 얼굴도
그대로 보여 주거든

때때로 내가
신나게 물 위를 걸어 다녀도
빠지지 않게 하고
산과 들을 날아 다녀도
다치지 않게 하지

날마다 꿈을 꾸어도
나는 늘 같은 나인 게 신기해

꿈이 주는 선물은
희망인 거야

꿈을 통해서
나는 조금씩 키가 크고
새 힘을 얻고
그래서 행복하거든

잠에게

얘, 너는
내가 원할 때는
더디 오고
내가 원치 않을 때는
더욱 빨리 와서
내 눈썹에 매달리는
짓궂은 친구인 걸 알고 있니?

몹시 피곤할 때
너와 내가
하나 되는 시간들은
사탕보다 달콤하고
솜이불보다 폭신하다

네가 안내하는
나의 꿈나라는
어떤 동화보다 아름답다

얘, 너는
누구에게나 꿈과 위로를 주는
고마운 친구인 걸
다른 사람들도 알고 있겠지?

연필을 깎으며

새 연필을 깎으면
새 마음이 됩니다

서랍 속에 고이 간직했던
문화연필 "나나"
동아연필 "딩동댕"
모나미연필 "쭈쭈"
이름도 재미있고

꽃 나비 새 별
높은음자리표 고추잠자리
무늬도 아름다운
나의 연필들을 깎아서
더 아름다운 글을 쓰고 싶어요
더 열심히 공부하고 싶어요

연필이 가득한 필통을 열 때마다

새 학기처럼 설레는 내 마음

희망의 꽃무늬가 알록달록 피어나는

즐거운 새 마음

새 연필을 깎으면

새사람이 됩니다

친구와 다툰 뒤에

1
웃을까? 말까?
말할까? 말까?
하루에도 몇 번씩
망설이던 마음

너도
나와
똑같은 마음이었던 걸

오늘 아침 등굣길에서
우리가 서로
마주 보며 웃을 때 알았지

2
며칠 동안 웃지도 않고
토라졌던 마음
꽁했던 마음
정말 미안하다, 친구야

이제 다신
하찮은 일로
널 미워하지 않을게

네가 다른 애와 친한 것을
속으로라도 원망하지 않을게

3
공부 시간에도
노는 시간에도
즐거운 마음

운동장에 나가면
등꽃도 미루나무도 아이들도
모두 날 보고 웃으며
축하 인사 하는 것만 같은
그런 마음

4
"애들이 다투고 나더니
더 친해졌지?"

이런 말을 들으며
너와 나는
부끄럽게 웃는다

헤어지고 돌아서면
금방 다시 보고 싶어지는
나의 친구야
우리는
가장 정다운 단짝 친구인 걸
다투고 나서
더 확실히 알았다, 그치?

너를 태운 기차는

보고 싶은 친구야
내가 있는 곳으로
너를 싣고 오는 기차는
멀리서 보기만 해도
반가움과 설렘에
가슴이 콩콩 뛴다
길고 긴 웃음으로
기차가 달려온다

나에게서 먼 곳으로
너를 다시
데려가는 기차는
멀리서 보기만 해도
가슴이 철렁 내려앉는다
길고 긴 울음으로
달려간다

가만히 생각만 해도
그리움에 눈물 글썽이게 되는
보고 싶은 친구야

너는 보았니?

숲 속의 나무들이
한바탕 비에 씻긴 뒤
그 향기와 푸르름을 더해 가는 걸
너는 보았니?

울다가 방긋 웃는 아기 얼굴이
너무 사랑스러워 어쩔 줄 모르는
엄마의 그 행복한 얼굴을
너는 보았니?

괜스레 미워하던 친구를
용서하고 화해한 뒤
무지개가 걸려 있는 내 마음
그래서 더욱 환히 웃는 내 얼굴
너는 보았니?

냇물처럼 따라오는

"너를 좋아해"
"나를 잊지 마"

나이를 많이 먹고 나서도
늘 이렇게 말할 수 있는
내 친구의
정다운 웃음소리
졸졸졸 흐르고 있네

그 애의 맑은 눈빛
물 같은 웃음소리
자꾸만
나를 따라오네

"그래, 알았어"
"나도 너를 좋아해"
나의 대답 소리가
졸졸졸 흐르고 있네

유월 편지

유월의 초록 바람
봉투에 가득 넣어
향이가 보내 준 어느 날 편지

"숙아
숲에서는 지금 뻐꾸기가 우는데
작년 이맘때 하늘길을 떠나신
우리 엄마가 정말 보고 싶구나

언덕에 앉아
이렇게 노래 불렀지
엄마 뻐꾹, 아빠 뻐꾹
숙아 뻐꾹, 뻐꾹 뻐꾹 …"

편지를 읽다 보면
종이 가득 출렁이는
아카시아 유월의 숲
나도 향이와
뻐꾹새 흉내를 낸다

너의 편지 받는 날

파도를 넘어
숨차게 달려온
너의 봉투를 열면
와르르 쏟아지는
보석 같은 이야기들

너의 기쁨과 슬픔을
모두 나의 것으로
받아 안는다

아직도
잉크 냄새 피어오르는
하늘빛 편지지 위에서

사랑한다는 너의 말은
한 송이 장미로 피어나고
보고 싶다는 너의 말은
나의 빈 방을 가득 채운다

너의 편지를 받는 날
나의 빈 방은
네 웃음과 목소리로 가득하고

나는
너를 만날 기쁨으로
눈을 감는다

우체국에서

종이의 무게는 잴 수 있어도
사연의 무게는 잴 수 없다

봉투 속에 들어 있는
사랑과 그리움
슬픔과 아픔
그 마음의 무게만큼은
어떠한 저울로도
달 수가 없다

사연이 다르듯
얼굴도 다른
많은 사람들이
편지를 부치러 오는
우체국에 가면
모두가 친척 같고
모두가 친구 같아
말을 걸고 싶어진다

"목적지까지
무사히 도착할 수 있었으면 …
꼭 받아 볼 수 있었으면 …"
이렇게 빌며
우표를 꾹꾹 눌러
편지를 부치는 마음
이런 마음은 모두
아름다운 기도가 된다

마음에 드는 한 권의 책

요란하게 겉을 꾸몄지만
속은 비어 있는
한 권의 책보다
수수한 옷차림이어도
속이 꽉 차 있는
한 권의 책

마음에 드는
한 권의 책을 골라
집으로 오는 마음은
날개가 달린 마음

좋아하는 동무로부터
첫 편지를 받을 때처럼
설레는 마음

빨리 읽기 아까워
며칠 동안은
만지작거리기만 한다
잠을 잘 때도
베개 밑에 넣어 두고 잔다

선생님이 결석하신 날

담임 선생님이
편찮으셔서
학교에 결석하신 날

우리 반 애들은
고아가 된 것처럼
힘이 없다

너무 떠들어
꾸지람 듣던 아이들도
오늘은 왠지
말이 없고

선생님이 쓰시던
칠판도 지우개도
쓸쓸해만 보인다

눈에 익은 선생님 얼굴
귀에 익은 선생님 목소리
어서 다시 보고 싶다
어서 다시 듣고 싶다

소풍 전날

엄마가 지어 주신
파란 꽃무늬 원피스를
몇 번이고 입었다가 벗었다가

작은 고모가 사다 주신
빨간 운동화를
몇 번이고 신었다가 벗었다가

저녁 내내
소란을 피우는
나를 보고
어른들은
"그렇게 좋으냐?"
하십니다

"아무렴, 그래야지
좋은 것도 다 한때란다"

한때라니요?
나는 어른이 되더라도
소풍 가기 전날의 즐거움으로
새 옷을 입어 보는 설렘으로
매일을 살고 싶어요

혼자 있고 싶은 날

노래도 부를 수 없는 날은
무지개 빛깔의 색연필을 깎아
그림이 담긴 글씨를 쓴다

하얀 종이 위에는
우리 집 꽃밭이 보이고

봉숭아 물 들여 주던
어머니 얼굴이 보이고

정답던 소꿉친구의
웃음소리도 있다

혼자 있고 싶은 날은

색종이를 접는다

새와 꽃을 만든다

해와 하늘을 안은

동시인이 된다

점심 시간

엄마가
사랑으로 꼭꼭 눌러 싸 주신
도시락밥을
나는
감사한 마음으로
한 숟갈씩 떠먹습니다

"밥알 하나에도
농부들의 땀과 정성
잊지 마라"
엄마의 말씀을 떠올리면서
친구들과 함께 먹는
점심밥

반찬을 나누어 먹고
재미있는 이야기도 나누는 가운데
도시락은 비어 가지만
우리 마음 가득히엔
기쁨이 차오릅니다

겨울 편지

친구야
네가 사는 곳에도
눈이 내리니?

산 위에
바다 위에
장독대 위에
하얗게 내려 쌓이는
눈만큼이나
너를 향한 그리움이
눈사람 되는 눈 오는 날

눈처럼 부드러운 네 목소리가
조용히 내리는 것만 같아
눈처럼 깨끗한 네 마음이
하얀 눈송이로 날리는 것만 같아
나는 자꾸만
네 이름을 불러 본다

산체스에게

눈이 맑고 서늘한
11세의 소녀 산체스야

멕시코에 지진이 났을 때
진흙 수렁에 빠져
목만 내놓고 몇 주일을 버티다가
끝내는 세상을 떠나고 만
어린 소녀 산체스야

네가 숨을 거두었을 때
멕시코 국민들은
일제히 울음을 터뜨렸고
너를 위해 종을 울리며
묵념 속에 애도했다

너를 구하러 온 구조대원들에겐
"가서 좀 쉬다가 오세요"라고
마음을 쓰고

또 어느 날은
"며칠 후엔 산수시험이 있는데 …"
하며 걱정했던 너

죽음을 앞두고도
남을 생각할 줄 아는 따뜻한 마음
의무를 소홀히 하지 않으려는
너의 성실한 모습에서
나는 많은 것을 배웠단다

너는 떠나고 없어도
맑고 고운 네 마음은
맑고 고운 소리로 살아서
아직도 내 안에서
종을 치는구나, 산체스야

글짓기 숙제

무슨 애길 써야 할지
정말 모르겠다

눈 감으면
캄캄한 숲의 나라
눈 뜨면
새파란 하늘나라

매일매일 하나 가득
마음속엔 그림뿐인데
어떻게 그걸 그대로
글로 쓸 수가 있담?

이불 푹 뒤집어쓰고
아무리 생각해도
나의 글짓기 숙제는
아직도 제목을 못 정했다

그릴 수 없는 그리움을
– 조카 계현에게

"남들이 절더러
꼭 이모를 닮았다고 하니
제가 닮은 엄마와
이모까지 포함해서
제겐 엄마가 두 분인 것 같아요"
크리스마스 카드에
네가 적어 놓은 이 말이
내겐 문득
새로운 선물로 다가온다

나의 딸처럼 어리지만
늘 그윽하고 조용한 향기로
나의 벗이 되었던 너

"언니, 길을 가다가도
아름다운 꽃이나 나무
하늘과 바다를 보면

딸아이는 내내 언니 타령이라우
그 애 때문에 나도 덩달아
언니가 보고 싶어 전화하는 거야"

며칠 전 밤에
태평양 건너에서 걸려 온
네 엄마의 전화를 받고
이모는 네 말대로
또 하나의 엄마가 되어
너를 안았단다

- 하얀 안개꽃과 보라색 붓꽃
- 수녀원의 연못과 정원
- 조가비가 널려 있는 푸른 바다
네가 그려 준 많기도 한 그림들 속에서
나는 자주 너를 만나지만
우리가 서로를
그리워하는 마음만은
크레용으로도 파스텔로도
그릴 수가 없을 것 같지 않니?

이제 열다섯 살이 되는 네게
열다섯 살 때의 이모 사진을
한 장 보낼까?
그때 이모를 키워 준
고운 꿈과 희망도 함께 넣어
새해 선물로 보낼까?

그릴 수 없는 그리움을
흰 구름 같은 기도 안에 띄워 보낼게
어느 날 네가 흰 구름을 뚫고
한 마리 나비처럼 날아올 때까지
이모는 기다릴게. 안녕

너의 말이 언제나
– 조카 향에게

향아, 네가 아주 어렸을 때
천둥 번개 치는 걸 보고
하늘에 연탄 불 났다고 하던 말
생각나니?

할머니와 함께
여행을 하다가
창 밖으로 보이는
비닐하우스를 보고
"수녀님들 쓰는 하얀 수건 같애"
라고 말했던 너

고모인 나에게
"고모, 나는 고모가
100보다 더 좋아요
오세요, 빨리 오세요"
라고 구겨진 흰 종이에

삐뚤빼뚤 적어 보낸
그 편지를
나는 아직 보물처럼 간직하고 있단다

이마가 톡 튀어나온 너를 보고
어른들이 귀엽다 하면 으레껏
"바나나같이 생겼지요?"
라고 말해서 우리를 웃게 만든 너는
어리디어린 시인이었는데
이제는 어느새 대학생이 되었어도
고모에겐 너의 말이 언제나
어리게 살아 있단다, 향아

글 속에서 사시는 수녀 고모님
쌍둥이 조카의 글

고모님,

글 속에서 사시는 수녀 고모님께 글로 인사드리는 일에 너무도 게을렀던 것 같습니다. 서랍 정리를 하다가 새삼스럽게 고모님께 감사를 드리고 싶어졌습니다. 예쁜 나뭇잎과 꽃잎들, 성모님의 고운 미소가 담긴 상본 그리고 제가 가장 좋아하는 사슴 사진 … 이 모든 것들이 고모님의 편지를 받을 때마다, 접은 종이 사이로 우수수 떨어지곤 했지요. 전 문득 고모님과 함께 나뭇잎을 주우러 갔던 일을 떠올렸습니다. 흠 없는 깨끗한 나뭇잎만을 찾던 저는 끝내 빈손이었지요.

"왜 이렇게 예쁜 잎이 없을까요?"

투덜대던 제게 고모님은 벌써 주머니에 가득 찬 나뭇잎들을 보여 주셨습니다. 아! 그것은 너무도 곱고 아름다운 그러나 한 귀퉁이를 벌레가 갉아먹은 나뭇잎들이었습니다. 상처가 나고 더러는 작은 구멍이 뚫리기도 한 그 잎들이 그토록 아름다울 수 있음을 제게 가르쳐 주신 고모님, 그 이후로도 저는 고모님의 욕심 없고 여유로운 시 속에서 그날의 가르침을 읽곤 합니다. 동시집 원고를 읽 으며 저희들의 모습을 보았지요.

이제 전 아까워서 누굴 주지 못한 채 서랍 속에 쌓여 있는 것들을 모두 나누고 싶습니다. 고모님의 시가 사람 들에게로 조용조용 다가들어 사랑을 나누는 것처럼 말입 니다.

1991. 여름

조카 향(마리나) 올림

고모님,

자라오면서 우리들이 참 '특별한 사람'이라는 생각을 하곤 했어요.

'떡두꺼비 같은 아들'이 틀림없다고 큰소리치시던 아빠를 무안하게 하며 태어났던 우리 쌍둥이에게, 아기가 귀했던 집안 식구들이 넉넉하게 사랑을 표현해 주셨기 때문일 거예요. 서로를 끊임없이 시샘하면서도 절대적으로 의지하는 우리들의 모습이 가족들의 눈길을 끌었기 때문이기도 하겠지요. 하지만 무엇보다도 우리가 스스로를 특별하다고 느끼게 된 건 특별한 고모님이 계시기 때문이에요. 두 분의 수녀님 고모가 계신 것도 특별하지만 시를 쓰시는 고모님을 둔 것은 더욱 특별했지요.

우리들의 탄생을 축하하며 멀리 필리핀에서 고운 축시를 지어 주셨던 것 말고도 해마다 계절 소식이 가득한 편지, 카드, 예쁜 꽃 그림, 아름다운 풍경 사진, 아기 예수님 상본 … 곱고 아름다운 것이면 무엇이든 보내 주셨으니 저희들은 정말 특별한 사랑을 받는 아이들이었지요?

본명 축일, 부활절, 크리스마스, 설날 … 축하받을 일이면 언제건 고모님의 카드가 일착이었구요.

그런 것들이 정말 특별한 것인 줄도 모르고 받기만 했던 저희들이었어요.

한 번도 제대로 인사드린 적도 없고 보답해 드린 적도 없었지요.

탄생에서 지금까지, 정말 정말 감사드려요.

항상 베풀어 주시는 것, 본받으려고 노력하겠어요.

새로운 시집의 탄생을 진심으로 축하드립니다.

고모님 시 세계의 풍요로움과 무궁 발전을 바라는 마음 가득합니다.

                              1991. 여름

                            조카 진(미리암) 올림

□ 시인과 시

솔밭 사이로 흐르는 여울 같은 시

정채봉(동화 작가)

1

이해인 수녀님을 내가 처음 만난 곳은 서울 동자동에 있는 성 분도 병원이었다. 1984년 유월 초로 기억하는데 직장일로 찾아갔었다. 아니 그것은 내 개인적으로는 구실에 불과하였다. 나는 일찍부터 솔밭 사이로 흐르는 여울 같은 시를 써 내고 있는 수녀님을 만나고 싶어하던 터였다.

그날은, 아침 이슬을 머금고 피어나는 수련같이 청순한 초여름 날씨였는데 수녀님이 입원해 있는 것이 아니라 기숙하고 있다는 그 병원 안은 크레졸 내음이 자욱했다.

한참 후 나타난 수녀님은 위아래 머릿수건까지 온통 하얀 여름 수도복을 입고 있었다. 내가 "흰 구름이 드시는 줄 알았습니다" 하자 "제 본명이 클라우디아인 것을 어찌 아셨어요?" 하고 잔잔히 웃었다. 나는 수녀님과 대화를 나누다 문득 그 응접실에 크레졸 내음 말고, 열어 둔 문틈으로 기웃거려 드는 향기를 느꼈다.

그렇다. 그것은 아카시아꽃 향기였다. 아카시아꽃 향기와 크레졸 내음이 교차하는 그 방에서 생각되어지는 것이 있었다. 몸의 병을 알아보고 치료하는 병원과 마음을 닦으며 하늘의 길을 가는 수도자, 몸을 지키기 위한 크레졸과 마음을 적셔 드는 꽃향기 ….

그때 수녀님은 내가 관계하고 있는 잡지에 글을 쓰시기로 하였는데 그 작은 제목으로 「두레박」과 「솔방울」을 내밀었다. 내 개인적으로는 솔씨가 촘촘히 박혀 있는, 생명의 방이기도 한 솔방울 쪽에 더 기우는 것이었으나 "샘터에는 두레박이 있어야 하지 않는가요?" 해서 그렇게 정했다.

그런데 마침 여기에 「솔방울 이야기」가 있다.

뒷산에 오를 때마다
한두 개씩 보물을 줍듯
주워 온 솔방울들이
여러 개 모여 있는 나의 방 안에서
그들의 산 이야길 들으며
산을 생각하는 파아란 기쁨

나는 이 마음, 곧 남들은 하잘것없어 지나치고 마는 솔방울도 보물로 생각하는 마음을 들여다보면서 찬탄하는 것이다. 검불 한 낱에서 풀밭 이야기를 듣는 이가 있다고, 바지락 껍질 한 낱에서 바다 이야기를 듣는 이가 있다고, 모래알 한 낱에서 바위 이야기를 듣는 이가 있다고 수녀님은 봄비처럼 소곤소곤 들려주고 있다.

> 책을 읽다가 글을 쓰다가
> 눈이 아플 때면
> 정든 친구 만나 보듯
> 솔방울을 본다
> 몸이 아파 하루 종일
> 혼자 누워 있을 때도
> 솔방울들 때문에
> 심심하지 않았지

- 「솔방울 이야기」에서

몸의 병을 알아보고 치료하는 병원에서 마음을 닦으며 하늘 쪽의 길을 택한 수녀님과의 만남은 나한테 깊은 것을 생각게 하였다.

몸이 아프면 또는 아플까 봐 찾는 병원, 마음이 아프면 또는 아플까 봐 찾는 교회, 몸을 위하여 먹어야 하는 것들 …

마음을 위하여 먹어야 하는 것들 … 그중에서 이해인 수녀님의 글은 우리 영혼을 위한 상추나 오이나 시금치 구실을 하고 있지 않은가 말이다.

2

이제까지 나온 이해인 수녀님의 『민들레의 영토』나 『오늘은 내가 반달로 떠도』나 『시간의 얼굴』 시집에서보다도 이번에 나오는 엄마와 아이가 읽는 이 시집에서 나는 한지에 물이 배듯이 잔잔히 번져 나오는 행복을 느낀다. 그것은 앞의 시집들에서는 번뇌와 애증의 갈등이 더러 느껴졌던 것에 비해 이번 시다발에는 푸성귀 같은 동심만이 가득 차 있기 때문이다.

여기에서 내가 말한 동심은 단순한 아이 마음만을 뜻하는 것이 아니다. 각자의 몸에 고향이 있듯 우리들 영혼의 고향을 나는 동심이라고 생각한다. 모두들 마음이 고단할 때면 어린 날을 그리워하지 않는가. 예수님께서도 아이들을 가리키며 하늘나라가 그들의 것이라고 하였는데 그것은 아이들이 영혼의 고향(동심)을 지니고 있기 때문일 것이다.

초등학교 6학년 국어 교과서에 실려 있기도 한 「별을 보며」의 앞부분을 이런 관점에서 한번 더 봐 주기를 바란다.

고개가 아프도록

별을 올려다본 날은

꿈에도 별을 봅니다

반짝이는 별을 보면

반짝이는 기쁨이

내 마음의 하늘에도

쏟아져 내립니다

언젠가 평화방송에서 만났을 때 수녀님과 나는 이런 대화를 나눈 적이 있다.

"정채봉 씨는 동화에 대해 말씀하셔요. 나는 동시에 대해 얘기할게요."

"저는 '하느님은 동화이시다'라고 말하겠습니다."

그러자 수녀님이 어린아이처럼 싱긋 웃으면서 대꾸하시는 것이었다.

"그럼 저는 '성모 마리아님은 동시이시다'라고 말하겠어요."

참으로 그렇다. 성모 마리아님은 동시이시다.

내가 아플 때

내 이마를 짚어 보는

엄마의 손은

내가 안 아플 때 만져 보던

엄마의 손보다

몇 배나 더 부드럽고 따스해서

나는 금세

눈물이 핑 돕니다

내가 아플 때

유리창으로 내다보는

조그만 크기의 하늘은

내가 안 아플 때

마음 놓고 올려다본 하늘보다

몇 배나 더 푸르고 아름다워서

나는 금세

울어 버릴 것만 같습니다

「내가 아플 때」의 둘째 연까지인데 이 시만으로도 수녀님은 천생 동심녀일 수밖에 없겠구나 하는 생각이 든다. 나는 특히 수녀님의 「밭 노래」를 좋아한다. 그중에서도 굼벵이가 나오는 대목을 ….

비 온 뒤

밭에 나가면

마음도 흙처럼 부드러워집니다

흙 속에 꿈틀대는 굼벵이도

오늘은 정답게 느껴집니다

대단한 것들한테로만 몰려가는 현대인들에게 있어 굼벵이는 보기 싫은 벌레일 뿐이며 밟혀 죽어도 돌아봄이 없는, 하잘것없는 미물이다. 그러나 이해인 수녀님의 투명한 눈 속에 들어서면 이처럼 사소하고 무상한 것들도 사랑을 입고 숨을 쉰다. 솔방울도, 홍당무도, 헌 신발도, 낙엽도, 걸레도 그리고 굼벵이까지도 ….

이것은 놀라움이다. 우리의 심상을 조찰히 씻어 줄 바람이기도 한데, 이 바람을 저마다들 조용히 가슴을 열고 맞아들인다면 이 세상에는 하느님 보시기에 참 좋은 일들이 더 많아질 것이다.

3

나는 "옥색 모시 적삼을 즐겨 입으시고" "문 창호지에 국화잎을 끼워 바르시는" 산나물 향기 같은 수녀님의 어머니를 한번 만나고 싶었다. 그래서 수녀님의 오빠인 이인구 교수님을 만났을 때 "어머님에 대한 이야기 좀 들려주십시오" 했더니 "꽃을 좋아하시는 분이지. 며칠 전에도 어디서 봉숭아 모종을 얻어 들고 오셔서 땅을 찾아 다니시더군" 하였다. "연세가 얼마나 되셨는데요?" "여든이야."

나는 순간 술도 한잔 마신 기운도 있고 해서 와, 놀라며 "갑시다, 선배님" 하고 따라나섰다. 서울 우이동 산자락 밑에 있는 집의 대문을 열고 들어서니 안에서 쌍둥이 자매인 향이와 진이가 달려 나왔다. 나는 수녀님의 시 「너의 말이 언제나」가 떠올라서 "'고모, 나는 고모가 100보다 더 좋아요. 오세요. 빨리 오세요'라고 했다는데 지금도 100이 최고예요?" 하고 물었다. 그러자 이 여대생은 고개를 설레설레 저으면서 "너무 커 버렸어요. 억도 아는 걸요" 하고 웃었다.

그런데 주방에서 생각보다도 너무 정정하신 분이 나오시며 "식사를 해야 할 텐데…" 하시길래 "여든이세요, 정말?" 하였더니 분꽃처럼 수줍어하시며 얼른 안으로 들어가 버리셨다. 이인구 교수님은 평소 술을 좋아하시지 않는다고 하였는데 맥주가 딱 두 잔 들어가자 그 부리부리한 눈빛이 사정없이 가라앉고 말았다.

"해인 수녀는 어머니의 작은 것까지도 어머니보다 더 잘 간직하고 있어서 시에 자주 등장하지. 그러나 우리 어머니의 실제 모습은 남자인 나보다도 더 무서우신 분이야. 6·25

전쟁 중에 납북당한 아버지 대신 우리 사 남매를 홀로 키우시다 보니 자연 그리 되셨겠지. 사실 쉬 달아지고 쉬 식어지는 분이시라면 갈멜 수녀원에 가 계시는 누님이나 동생 해인이 수도자의 길로 선뜻 결정하기 어려웠을 거야. … 집안에 좀 기쁜 일이라도 생겨서 부산에 전화를 걸면 누님은 울음으로 우리들 소식을 접수하지. 이건 하느님만이 이해하실 수 있는 부분이고 ….”

어느 가족사엔들 빗금 없는 집안이 있을까. 그러나 해인 수녀님은 천강千江에 드리우는 달빛처럼 굴곡이 없다. 차별이 없다. 제아무리 작은 것이라도 헛 놓아 버리지 않는다.

꿈속에서 그려 보는
나의 그림 속엔
하나도 슬픈 얼굴이 없다

세월이 가면, 자꾸 가면
할 수 없이
사람은 늙는다지만

우리 엄마 얼굴은
언제나 젊어 있고

북녘 멀리
떠나신 아빠도
이내 돌아오시고
(중략)

나의 꿈속엔
나의 하늘엔
오늘도 즐거워라
무지개 선다

- 「나의 꿈속엔」에서

 이제 수녀님은 인간을 넘어서 인생을, 꽃을 넘어서 향기를, 고통을 넘어서 법열을, 시공을 넘어서 영원을 보고 있는 것이리라.
 나는 배용균 교수의 영화 「달마가 동쪽으로 간 까닭은」에서 보았다. 허물어져 가는 산사의 부엌, 거기에 오래된 판자 틈으로 비어져 나오는 연기가 축대 밑을 돌아 처마 끝의 풍경을 고요히 스쳐 마침내 새벽녘의 산사를 더욱 골 깊어지게 하고 장엄하게 하던 것을 ….
 이해인 수녀님의 이 시편들 또한 광안리 바닷가 수도원의 해송을 태운 연기가 되어 그 솔향과 함께 이를 대하는 사람들의 동심을 찰찰 헹구어 주리라 믿는다.